요하遙河의 여신

41

요하遼河의 여신

강상윤

현대시학 기획시인선

**시인의 말

먼 길을
돌아오네

새봄
새 소리가
정겹기도 하네

2024년 봄날
강상윤

차례

❋ 시인의 말

1부 천지에 걸린 해

박찬희 씨의 돌막	12
거란의 아이	14
요하遼河의 여신	16
시라무렌 강에서	19
적봉赤峰의 하루	22
요서 지방	24
발해만을 바라보며	26
천지에 걸린 해	28
비사성卑沙城	30
압록강 유람선	33

2부 붉은 여뀌와 달개비, 쑥

콰이강의 다리	38
어느 시인	41
어떤 부탁	44
온통 꽃밭이었네요	46
바다를 지켜 주세요	48
이태원 참사	50
우리가 서이초 교사다 1	52
우리가 서이초 교사다 2	54
뜨거운 지구	56
껄껄	58
씨앗 하나	60
무릇	62
붉은 여뀌와 달개비, 쑥	64

3부   아래 아랫집의 수탉

현상과 존재	68
아래 아랫집의 수탉	70
살다 보면 살아진다	73
서울 거저리	74
고마운 노동	76
심야 N-버스	77
밭 거울	78
수요일 토요일	80
황금의 집	81
은행	84
신 월인천강지곡	86
시꾸다	88

4부 자귀나무꽃

중랑천 걷기	92
후박나무 차	94
오세암五歲庵	96
파꽃	98
살채기 정낭	100
자귀나무 꽃	102
형제	105
동행	108
마루 밑으로 숨다	110
도솔천	112
수락산	114

5부 거푸집

거푸집	118
금강산 귀면암	120
사냥	122
산 지렁이	124
천사나팔꽃	126
고시원	128
버들잎	130
가을 수채화	132
채송화	134
옥룡玉龍	136

** 해설
난경難經을 걸어가는 방식 | 김춘식(문학평론가 · 동국대교수)

#　1부

천지에 걸린 해

박찬희 씨의 돌막

눅눅하고 무더운 여름날

2천 3백 킬로나 달려와 엎드린 곳

내몽고의 거대한 고인돌, 단군 제단 돌막 안

대여섯 명의 일행들과 돗자리 펴고

포도 몇 송이에 찻잔 올리며 삼배를 드린다

박찬희 씨는 전주 아니 김제 징게멩게

저수지 수리세 싸움을 떠올리면

지난날이 북받쳐 울음만 올라올 뿐

단군 조상이 다스리시던 나라가

이곳 내몽고까지 뻗쳤음이 아득하구나

어느새 만주에서 살던 조상들은 한반도 좁은

땅으로 내몰려 날마다 핵실험이다 사드다

수리세 싸움이다 아옹다옹하는 모습이 안타깝구나

요나라 태조의 무덤이 이곳으로 이장移葬되어

성스러운 단군 제단은 요나라 태조의 묘[遼太祖墓]로
왜곡되고, 단군 제단의 글씨는 형편없이
훼손되었어도 저렇게 웅장하게 살아 있는 역사를
써 보이고 있다니! 단군 제단 돌막이여!

단군 제단 돌막 안에서 박찬희 씨가
차린 차례상으로 차례를 올리고
고조선 답사회 일행들과 차를 마시며
두런두런 이야기를 하다 보니 수천 년 전
세월이 하루아침처럼 다가오는구나

눅눅하고 무더운 여름날
2천 3백 킬로나 달려와 엎드린 곳
내몽고의 거대한 고인돌, 단군 제단 돌막
박찬희 씨의 돌막

거란의 아이

홍산문화 유물을 보기 위해 내몽고
적봉 박물관에 왔다 그러나 홍산문화
유물들은 보이지 않고 대신에 거란족
유물 특별 전시회를 하고 있다

빨간 전통 복장의 안내하는 아가씨들 사이에
빡빡 깎은 머리의 아이들이 보였다

아홉 살에서 열두어 살 또래의 아이들이
흙먼지를 뒤집어쓴 듯 그을은 얼굴에
초롱한 눈망울로 쉴 새 없이 내뱉는다

거란 왕들의 위대한 업적이며 영웅담, 칼, 창과
마구 등 거란의 역사와 문화를 설명해 주었다

처음에 나는 조상들이 거란족에게 피해를 당한
때문인지 '나는 설명이 필요하지 않다'는 투로

손사래를 쳤지만, 그 아이는 계속 따라오면서
설명을 해 주었다

홍산문화 유물을 보기 위해 이천 킬로미터나
달려온 나에게
거란족의 아이라니!

나는 곧 아이의 머리를
쓰다듬어 주었다

고조선 부여 고구려 발해 이후 단절되고
우리가 버려 버린 요나라, 금나라, 원나라
청나라 역사의 머리도 쓰다듬어 주었다

맨발 빡빡머리의 나의 어린 시절
머리도 쓰다듬어 주었다

요하遙河의 여신

중국 내몽고 적봉시 우하량 유적
여신상이 밤마다 찾아와 누런 불을 밝힌다
황하 문명보다 일이천 년이나 앞선
BC 6,000여 년 전 유적지
누런 황토흙으로 빚어진 여신상,
그리스 비너스 상像처럼 늘씬한 팔등신은 아니지만
툽툽한 손과 팔다리, 몸통이
우리 할머니들을 많이 닮았다
고조선의 어머니신지 동이족의 어머니신지
알 수는 없지만 여신상의 비밀을 풀기 전에는
아무것도 할 수가 없다

윤내현 교수는 『고조선 연구』에서
고조선 단군의 어머니이신 웅족熊族의
조상일 가능성이 많다고 한다
천신족이며 이주족移住族이었던 환웅족과

결혼한, 토신족이며 선주족先住族이었던
웅족의 조상이라는 것이다
원형 제단壇, 여신 묘墓, 적석총塚의 유적과
비파형 동검, 빗살무늬 토기, 수많은 옥기들은
만주와 한반도 일대에서만 나타난다고 한다

요하인지 대릉하인지, 먼 강[遼河]의 한 자락
귀퉁이에서 다산多産과 풍요를 기도드리시던
우리 할머니실까?
여신상의 비밀을 풀기 전에는
아무것도 할 수가 없다
당시 그곳에 원형제단, 여신묘, 적석총壇墓塚을
만들고 부족국가 형태로라도 국가 형태를
보일 수 있었던 세력은 고조선밖에 없었다고 한다

하지만 중국은 동북공정의 역사왜곡도 모자라

요하 문명, 홍산 문화를 자신들의 시원문명始原文明이라고
역사 개조, 역사 개칠을 하고 있다
그런데도 한반도 끝단 남쪽에서는
역사 교과서 국정화 논쟁이 한창이다
고조선 고대사, 아니 내몽고 적봉시
우하량 유적 여신상의 비밀을 밝힐 생각은
못하고 역사 교과서 국정화 논쟁에
몰입하는 어리석음이여!
오늘도 먼 강의 여신상은
누런 황토빛 불을 밝히고 찾아오신다

시라무렌강에서

멀리 시라무렌강 강줄기가 보인다
서에서 동으로 흐르는 서요하의 일원으로
요하강에 합류하여 발해만까지 이어지는
긴 여정의 출발점이다

예전에는 염수라고 하여 고구려 광개토대왕이
이곳 내몽고까지 정복하러 왔었다고 한다

원래는 요하가 아니었는데
거란이 요나라를 건국하면서
서요하라고 이름이 붙여졌다고 한다

요하문명 홍산문화의 발자취를 찾기 위해
이곳까지 찾아온 일행들은 해설자의 해설보다
담배를 피우거나 사진을 찍으며 회상에 젖는다

우기가 아니어서 거의 바닥을 드러낸 시라무렌강
서요하, 여러 강물 줄기가 흐르고 모여서
요하강으로 합쳐져 발해만으로 수백 킬로미터를
흐를 것이다

온갖 나라와 민족들이 한때 이곳에서
나라를 세우고 역사를 지켜왔으리라

우리는 선조들의 삶의 현장들을 살펴보고

날마다 핵전쟁과 미사일, 온갖 갈등들이
용광로처럼 펄펄 끓고 있는
한반도로 돌아갈 것이다

예전의 내몽고와 만주 땅 초원에서는
기병들이 무장을 하고 공격해오면

달리 막을 방도가 없었다고 한다
강력한 태풍 바람에 풀들이 눕듯이
그냥 누울 수밖에 없을 듯하다

중국인들도 전쟁 중에 사람의 피도 흡혈했다는
거란족들의 날램을
두려워하지 않을 수 없었으리라

그러나 멀리 시라무렌강을 바라보며
광개토대왕의 원대한 여정을 상상해 본다

적봉赤峰의 하루

숙소에서 바라보는 시내는 홍산 지명처럼
붉은색 벽돌 건물들이 많다
조금 더 높이 솟아오른 태양,
고요히 잠이 든 적봉 시내를
개천물이 희미하게 번들거리며 흘러간다

3천 킬로미터나 달려와 바라보는 적봉 시내
붉은 도시에 붉은 색 아침 노을이 이색적이다
며칠 동안의 피로감에 일찍 잠이 들었었는데
아침에 일어나 보니 여간 개운하지가 않다

요하문명 홍산문화의 본고장을
꼭 한 번은 와 봐야 한다는 생각에
벼르고 별러서 출발한 여정 때문일까
잠을 잘 자고 일찍 눈이 떠져서인지
해가 떠오르는 풍광도 예사롭지 않다
몽고에 가까운 서만주이기에 계절은 여름인데도

서늘하고, 하천이나 강들은 메말라 있다

5~6천여 년 전 홍산문화의 꽃을 피웠을 때는
지금보다 더 따뜻했을 것이고
하천이나 강물의 수량도 더 풍부하지
않았나 생각해 본다

기이한 모양의 붉은 바위산, 홍산을 바라보며
호수 주변을 서성이거나, 신석기 유적지 부근을
일행들과 돌아다니며 토기 조각이나 기와 조각
벽돌 조각이라도 살펴보기로 한다

100년도 못 사는 인생에 5~6천여 전의 문명과
문화가 무슨 의미가 있을까마는
우리 옛 조선 민족의 시원始原이
시원하게 밝혀지지 않는 것이 안타까울 뿐이다

요서 지방

배들의 용골들이 수런거린다
지나온 바다 출항의 기억이 아직은
여운으로 남았는지 신진도항 푸른 물빛에
위아래로 수런거린다

배들의 용골들이 수런거린다
서해 신진도항 물빛을 받아 출렁거린다
나는 수런거리는 배들의 용골들만 봐도 수선스러워진다
위아래로 출렁이는
용골들만 봐도 격렬비열도로 나가
서해를 단숨에 박차고 나가고 싶어진다

장보고가 아니라도 청해진이 아니라도
서해 신진도항을 출발하여
웨이하이, 연대, 천진, 대련, 단둥까지
넘나들고 싶어진다

'백제는 본래 고구려와 함께

요동의 동쪽 천여 리 지점에 가 있었다

고구려가 요동을 점거하자 백제는 요서를 점거했다

백제가 다스리는 곳은 진평군 진평현이라 한다' *고

하는데,

반도는 두 동강이 나 갇힌 신세가 얼마인데,

아직도 어지러운 형국이니 가슴 아프지 않은가

배들의 용골들이 수런거린다

서해바다가 출렁거린다

* 강종훈, 『한국고대사연구』 2003

발해만을 바라보며

고구려 비사성을 지키던 병사들은 당나라
장량의 수군 수만 명이 밀어닥칠 것을 알면서도,
요동으로 지원 나갈 수밖에 없었네

당 태종 이세민의 주력 부대가
요동성으로 쳐들어오기 때문이었네

깎아지른 절벽에 비사성 서문으로만
통행이 가능할 정도의 천연 요새지역이었지만,
비사성에는 정예 군인은 얼마 없었고,
민간인들과 노인이나 부녀자 아이들까지
힘을 합쳐 막아보려 하였으나
실패할 수밖에 없었네

남녀노소 8천여 명이 포로로 배에 태워져
산둥반도 등으로 노비로 끌려갔다네
이국땅에서 가족들과 헤어져 노비 생활을

하느라 얼마나 고생이 많았을까

70여 개 성과 천리장성이 시작되는
비사성에 서니 성을 쌓고 나라를 지키느라
얼마나 고생이 많았을까 하면서도,
바다 멀리 산둥반도와 한반도, 요동반도가
서로 전쟁도 하고 각축을 벌이며
발해 연안 문명을 키워왔다는 것이
또 다른 의미가 있는 듯하네

선조들의 역사를 살펴보는 일이라지만,
혼자 구경 다니는 것 같아 가족들에게 미안하네

천지에 걸린 해

어느 날 해를 품은 천지에서 천지의 물이
하늘로 오르는 용오름 현상이 일어났네

내 눈에는 마치 용이 하늘로 오르는 듯하였네
장군봉, 천문봉, 자하봉, 백운봉 16개의 봉우리도
승천하는 용을 떠받들기라도 하듯이
하늘을 향해 일제히 두 손을 모으네
두 손을 모아 하늘과 땅을 잇는 기도를 드리네

해는 천지의 품에서 놓여날 길이 없어
회색 구름에 싸인 채 백동전만 한 윤곽만을
어슴푸레하게 내비치네

천지 둘레를 덮고 있는 구름층이 성벽을 이루고
해는 더 이상 천지의 품에서 옴짝달싹을 못하네
해모수가 유화부인에게 붙잡혀 오도 가도

못하는 형세구나

태양계의 중심이며 에너지인 태양이 천지
연못에 갇혀 옴짝달싹 못하다니.
유화 부인에게 붙들린 해모수 형세구나
그리하여 커다란 알이 탄생하였구나
새로운 나라가 세워졌구나

비사성 卑沙城

대련 대흑산성 풍광지구라고 새겨진
푯돌을 지나 가파른 계곡길을 오른다

한반도에서도 흔히 볼 수 있는 물푸레 나무들이
계곡길에 들어차 있고,
옹이진 물푸레 나뭇가지마다 힘줄이 느껴진다

관문채, 채석장, 약수터, 석고사 불상 곳곳에
붉은 띠가 둘려져 있고, 웃통을 벗은 남자들이
땀을 흘리며 산을 오르는 모습이 이색적이다

산 아래 주민들의 말에 따르면
간혹 조선족들이 지게를 지고 산을 오르는 모습을
볼 수 있었다고 하는데, 그것은 선조들이
산성을 쌓느라고 얼마나 고생했는지
그 고초를 음미하기 위한 것이라고 한다

가파른 절벽도 절벽이지만, 비사성 성돌에
굴껍질 박힌 돌들이 있을 정도이니
성을 쌓던 고구려인들이 얼마나 힘들었을지
짐작이 된다

16년 동안 천리장성을 쌓았던 연개소문의
흔적은 보이지 않고, 비사성에 와 보지도
않은 설인귀가 말에게 물을 먹였느니,
당태종 이세민이 물을 마시던 약수터이니
하는 전설만 어지럽다

비사성 점장대가 있던 곳에는 당왕전이라 하여
이세민의 영정이 세워져 있고,
화강암 바닥에 아홉 마리 용을 새긴 것은
어색하기 이를 데 없다

복원한답시고
비사성 돌들에 시멘트를 발라 놓은 것도
조잡하기 이를 데 없다

우리 역사 유적을 남의 나라에 맡겨 놓았으니
왜곡되는 것은 그만두고, 그나마 남아 있는 것도
다행이라고 씁쓸해하며 내려올 수밖에 없었다

하지만 이렇게 우리나라 사람들이 부지런히
발품을 팔고 다니다 보면,
저 비사성 골짜기 물푸레 나뭇가지처럼
튼튼한 무엇이 남지 않겠나 위로해 본다

압록강 유람선

8월의 햇살이 따갑다
속초나 임진각에서 만났음 직한
실향민들과 유적지를 답사하고
국내성 집안에서 내려와
압록강 유람선에 오른다

한강 건너를 보듯이 북한 땅을 바라본다
황소 두어 마리가 강 건너
풀밭에서 한가로이 풀을 뜯고 있다

목이 긴 백로 두어 마리도 서로 떨어져
서 있고 푸른 물빛과 대조되어 하얗다

천렵을 나온 북한 주민들인지 옹기종기
모여 앉아 하얀 연기를 피워 올리고 있다

붉은 깃발의 유람선들이 날쌔게 달려가는
통에 물살이 이리저리 갈라져 흔들린다

우리가 탄 유람선도 강줄기를 따라
북한 쪽으로 다가간다

하품을 하며 담요를 널던 북한 병사들은
무심한 듯 쳐다본다 경비정을 달려
우리를 쫓을 생각은 없는 듯하다
밤새워 국경 보초를 선 초병들의 모습이
남한 병사들의 모습과 다르지 않다

강변 옥수수밭의 잎사귀들에서 햇빛이
반사되어 초록색 강물이 더욱
번들거리고 푸르러진다

겨울 되어 압록강이 결빙되면 국내성에서

단숨에 말을 달려 남쪽으로 가는 고구려

기마병들의 모습이 보이는 듯하다

머리가 하얗게 센 실향민들의 눈에는

무엇이 보이는지, 카메라 셔터 소리만 요란하다

6·25 때 통일이 가까웠다며

압록강물을 철모로 떠 마시던 군인들의

사진이 눈에 선하다

2부

붉은 여뀌와 닭개비, 쑥

콰이강의 다리

송파구 석촌동의 반지하방에서
일주일쯤 된 세 모녀 60세, 35세, 32세의
시신이 발견되었습니다

주인 73세 임모 씨는 인기척이 없는데
TV소리가 들려 불이 날까봐
경찰에 신고했습니다

방문에는 청테이프가 붙여져 있고
번개탄을 태운 냄비와 70만 원이 든
봉투가 발견되었습니다

봉투에는 '주인 아주머니께,
죄송합니다. 마지막 집세와 공과금입니다.
정말 죄송합니다.'라고 씌어 있었습니다

우리 가족도 반지하방에서 살 때
영화 '콰이강의 다리'가 아니었으면
줄초상이 날 뻔했습니다

죄송하지만 우리도 윗분들과 처지가 비슷했지만
살아보려고 애쓸 때였는데 소리 소문 없이
연탄가스가 스며들었기 때문입니다

밤늦게 TV영화 '콰이강의 다리'를 보던
제가 화장실 가려고 일어섰는데
그대로 쓰러져 '쾌당'하는 소리에
가족들이 잠에서 깨어난 것입니다

2012년 통계에 의하면 우리나라 인구 중에
십분의 일인 약 500만 명이 반지하나 옥탑방,
쪽방에서 산다고 합니다

햇빛이 전혀 들지 않는 지하에 사는 사람도
13만 가구, 35만 명 평균가구원 수 2.69명이나
된다고 합니다 성장률 4%, 고용률 70%
국민소득 4만 달러의 474정책도 좋지만,
서민경제와 복지를 살려내어 더 이상 참혹하게
죽어가는 사람이 없었으면 좋겠습니다

'콰이강의 다리'라도 있었으면 좋겠습니다
돌아가신 분들의 명복을 빕니다

어느 시인

35권의 시집을 내고도 아직 부족하다는
팔순 시인의 시집을 읽는다

인人, 사事, 물物을 찬미하고
천·지·인 삼재가 원융무애圓融无涯하게
펼쳐지는 세상을 꿈꾼다고 할까

온 나라의 인물, 폭포, 정자, 소나무
명승지, 문화재들을 둘러보고
자연시, 예찬시, 인물시, 풍자시, 종교시
기념시, 선시, 소묘시, 즉물시, 영물시를 쓴다

모로코, 포르투갈, 스페인, 영국, 프랑스,
터키, 인도, 중국, 미국, 남미 등
세계 구석구석을 여행하여 기행시를 남긴다

내용만 다양한 것이 아니고
4행시, 1행시, 14행시, 17자시,
담시, 민요시, 극시, 장시, 서사시 등
형식도 다양하게 실험하고
일관성을 유지하려고 한다

아직 자신의 작품에 대해 연구하는 학자들이
많지 않다는 것을 알지만 개의치 않는다

그러나 어느 작품 하나 허투루 써낸 작품은
없고 각고면려 끝에 써낸 작품이라 자부한다

유·불·선과 풍류도를 넘나들어도
아직 속세를 버린 중도 도인도 아니요
가끔 틈이 나면 선녀와 함께 차를 타고
명승고적 유람하기를 좋아하는 천상 독신

시인으로 남기를 바란다

뭇 사물, 현상들과 영통靈通하기를 바라고
뭇 미물들이 발에 밟히지 않도록
지면에서 약간 뜬 상태의 공중부양空中浮揚을 하고
길을 걸었으면 하는 바람뿐이다
어찌 시인이라고 아니할 수 있을까

어떤 부탁

벚꽃잎들이 하얗게 언덕을 덮는다
어떤 왕벚나무가 말을 걸어온다
자기 대신 이곳을 맡아 달라고 한다

자기는 이제 늙었고
더 이상 기력이 부족하여
관리하기가 어렵다고 한다

나는 잠시 무엇에 홀린 것이나 아닌지
제정신을 차리면서 듣는다

벚나무들과 키 작은 소나무들,
잡목들 사이로 진달래꽃들이
환하게 웃으며 고개를 끄덕이라고
시늉을 보내는 것 같다

참나무 등걸은 쉬 썩기 쉬워
아카시아 나무로 계단을 만드는 것이 좋고

등산로 양옆으로 단풍나무도 심었고
더덕씨도 뿌려 놓았으니 가을 되면
캐서 먹으라고 한다

겨울에 눈 많이 오면 소나무 가지가
찢어지기 전에 눈도 털어 주고
힘이 없어 늘어지는 가지가 있으면
버팀목도 만들어 주라고 한다

노끈으로 쓰라고 칡덩굴도 많이 퍼뜨려
놓았다고 한다
어쩌다 이곳 나무에다 수목장을 하여
꽃다발을 묶어놓아도 놀라지 말고
모른 체해 달라고 한다

벚꽃잎들이 하얗게
언덕을 덮는다

온통 꽃밭이었네요

코로나가 재앙처럼 닥쳐 왔네요
청평 꽃밭에 와서 지난날을 돌아보니
온통 꽃밭이었네요

코로나로 마스크 안 쓰면
들어갈 수 있는 곳이 없어요
마스크 안 쓰면
만날 수 있는 사람이 없어요
지상낙원이라는 미국도
하루에 몇백씩 몇만 명이 죽는다는데
살아있음에 감사해야지요

마스크 아니면 만날 수 없는 아이들이지만
최선을 다하고 있어요
일자리 센터에서 만난 학습지 교사
'지역이 다르니 무급휴직

지원 신청이 안 되잖아요?'
하소연을 뒤로 하고

청평 꽃밭에 와서 지난날을 돌아보니
온통 꽃밭이었네요

제가 가꾸는 꽃들은 아니지만
사람들에게 길들여져
나도 꽃, 나도 꽃
고개를 쳐들고 있네요
잠시 걔네들을 쓰다듬고 있었죠

특수형태 근로 종사자 프리랜서
지원 신청이 이루어지지는 않았지만
코로나가 재앙만은 아니기를
기원합니다

바다를 지켜 주세요

세이브 아워 씨 Save our sea

시위대 속에 귀가 따가워 뒤를 돌아보니

어디서 온 사람들인가

평범한 삼사십 대 아줌마들인 듯도 하고,

이십 대 학생들인 것 같기도 하다

길가의 시민들을 향해 피켓을 흔들며 외친다

세이브 아워 씨 Save our sea

우리의 바다를 지켜 주세요

날은 어두워지는데 차도를 가득 메운

시위대 속에 가녀린 목소리의 주인공들

일본에서 왔다고 한다

후쿠시마 오염수 방류를 시작한 첫날

시위대와 함께 숭례문에서 시청, 광화문

미국 대사관, 일본 대사관 앞으로 이동하면서

오염수 방류를 중단할 것을 외친다

미국 대사관 앞에서는 동해를 일본해라고
하는 미국을 향해서 외친다
한국이 얼마나 만만하면 일본 편을 들어주며
동해East sea가 아니고 일본해Sea of japan라고
하는가

후쿠시마 오염수 방류에 대해서는
묵인, 방조하다 못해 지지하는
정부를 향해 외친다
우리의 바다도 땅도 자존심도 지켜주지 못하는
정부가 무슨 필요가 있는가

이태원 참사

서울특별시 용산구 이태원동 해밀턴 호텔 부근
골목에서 영문도 모르고 핼러윈인가 뭔가
호기심에 갔다가 선 채로 인파에 싸인 채
숨 못 쉬어 죽은 중음신中陰身들이여
자기 땅에서 영문도 모르고 죽은 중음신들이여

불쌍하고 불쌍하구나 지금 서 있는 내가
다 미안하구나 내가 너희들을 밟았구나
내가 너희들을 죽였구나 내 죄를 어떻게 씻을까

정말로 미안하구나 내가 서 있는 자리가
누군가의 무덤이었다는 것을 늘 알고 있었지만
이것은 아니다 너희들을 밟아 죽인 내 잘못이다

억울하게 영문도 모르고 죽은 중음신들이여
이 악랄하고 무도한 우리를 감옥에 보내야 하는데

힘을 보태주소서 함께 힘을 보태 주소서

부활하소서 부활하여서 썩은 돈과 권력밖에 모르는

우리도 함께 감옥 보내 주소서

이 가짜 사이비 우리도 함께 감옥 보내 주소서

멀쩡하게 이태원에 서 있던 사람들은

죽어가는 데도 이미 4시간 전에 112 신고가

들어가는 데도, 압사당할 것 같다는 하소연에도,

인권이 무시당해야 하는

가짜 사이비 우리들을 무너뜨려주소서

아 하늘도 무심하시지

어떻게 자기 땅에, 자기 발로 딛고 서 있는 채로

죽게 만드는 나라가

세상 어디에 있는지 절대로 용서하지 마소서

반드시 책임을 물어서 처벌받게 하소서

우리가 서이초 교사다 1

어떻게 자신이 담임을 맡고 있는 학교 교실에서
그 생생한 눈망울의 아이들과
함께 생활하는 공간에서
이런 일이 벌어질 수 있단 말인가요

자녀를 많이 낳지 않아
왕자나 공주로 특별대우를 원하는,
비뚤어진 학부모들의 악성 민원을
교원들이 무슨 수로 다 대처할 수 있단 말인가요

저도 한 살 적은 나이에 초등학교를 가겠다고 하여
한 살 위 형들과 같이 다녔는데
얼마나 조롱과 놀림을 당했던지
2학년 어느 날 이웃 마을에서 전학 온 아이와
저를 싸움을 붙이는 거예요
날마다 조롱당하던 저는
그냥 참을 수가 없어서 악을 쓰고 싸웠죠

싸우다 보니
제가 전학 온 아이 배에 올라앉아서
그 아이의 얼굴을 주먹으로
짓이겨 놓고 있는 거에요
다음 날 그 집 할머니가 우리 집에 와서
난리를 치고 한참 동안 욕을 먹었죠

그런 일이 있고 난 뒤부터 학급 아이들로부터
조롱이나 왕따를 낭했다는 기억이 나지 않아요
3학년 때부터는 공부를 열심히 하여
4등까지 올라갔었죠

아이들은 싸우면서 큰다고
교실 내에서 사소한 싸움은 늘 있는 일이고
그것을 참지 못하는 학부모가 문제인 듯하네요
학부모의 집요한 민원에 견뎌낼 교사는 없지요

우리가 서이초 교사다 2

담임교사는 모두 학폭 담당이라고 보면 됩니다
저도 학폭 업무를 할 때는 죽는 줄 알았어요
학교폭력위원회가 열리게 되면, 가해 학생 측은
대부분 변호사와 함께 참석합니다

그 다음은 학교 폭력 담당 교사를 죽이고
시작하지요
가해 학생의 사실 확인서를 어떻게 받았느냐,
강요와 협박에 의해서 받은 것이 아니냐
그러므로 학폭 사안은 무효라고 주장하지요
더 나아가서 아동학대법 위반죄,
모욕죄, 강요죄, 협박죄로 고발하겠다고 합니다

그러면 교장, 교감님은 좋은 게 좋다고
적당히 넘어가자고 하거나 학부모 편이 되어
학폭 담당 교사를 교체하겠다고 협박을 해요

그러니 밤잠을 잘 수가 없지요

간신히 제가 이 학교의 학폭 담당교사이니,
간섭하지 말라고 큰소리치면서 마무리하였지만
교사로 임용된 지 2년밖에 되지 않은 교사는
학폭은 당연히 힘이 들고
담임 업무를 해내기도 벅찬 일이지요

교사들은 법률도 잘 모르고, 교육적 입장에서
처리하려고 해도 잘 되지 않지요
학폭 문제는 학교 내부에서 처리하기 어려우므로
외부 기관의 도움이 필요할 것 같네요

뜨거운 지구

7월 염천炎天 시하 문지기 조팥에서
할머니는 갈중이 적삼이 다 젖도록
조컴질을 매고 계셨다 쇠비름을 매고,
가라지도 매고, 재완지도 매고 계셨다

그러나 날이 얼마나 무더웠으면
큰 거리 연못으로 달려가셨을까
뒤도 안 돌아보고 물속에 뛰어 들으셨을까

녹조 더께가 가득한 연못이었지만
할머니께는 마지막 목간이었다
할머니께는 마지막 시원함이었다

7월 뜨거운 하늘 아래 문지기 조팥에서
할머니는 아직도 갈중이 적삼이 다 젖도록
조컴질을 매고 계신다 쇠비름도 매고

가라지도 매고, 재완지도 매고 계신다

뜨거운 지구를 매고 계신다

시원한 우주 연못에 뛰어들 상상을 하시면서

껄껄

'불 들어갑니다' 하여도
선생님은 괜찮다고 껄껄 웃으시며
걸어 나오실 것만 같다

곧 만날 텐데 하시는 것 같다
주역의 택지췌澤地萃괘
연못에 물이 모이는 모습이다

기다리는 동안
우리들은 추모 공원을 둘러보았다
잘 꾸며진 정원을 한 바퀴 돌아
추모 게시판을 살펴보니
가족들을 떠나보내는 사연들이 절절하다

나는 수업이 있다는 핑계로
끝까지 기다리지 못하고,

상주들에게 인사를 하는 둥 마는 둥 하고
서울행 버스를 탔다
돌아오는 내내 선생님의 웃음소리가
들리는 것 같다 껄껄

씨앗 하나

요즘은 호박과실파리 애벌레로
호박농사를 망치는 일이 많다
수많은 실패의 호박들을 땅속에 묻으며
천지만물의 생명이 하나의 씨앗으로
돌아가는 것을 본다

호박 색깔이 선명하지 않고
허여멀건하거나 손가락으로 눌러 보아서
이상하면 여지없이 호박과실파리
애벌레가 들어차 있다

아내는 기겁하여 빨리 어떻게 하든지
땅속에 묻으라고 한다
그러나 천지 만물의 근원은 호박 속에서도
애벌레로 씨앗을 만드는가 하고
곱게 땅속에 묻어준다

주역의 지풍승地風升괘,

땅속에서 새싹이 움트는 상이다

텃밭 농부는 내년에

살충제를 필히 뿌려야 하겠지만

저 미물도 뭇 생명으로 살고자 하는데

솥에다 삶아서

땅속에 묻을 수는 없는 일이다

무릇

봄철이 되면 소 풀 먹이러 댕기는 게
일이라 낫쥬

파릇파릇 돋아나는 무릇이며
싱그러운 풀들이 자욱한 풀밭에
소들을 풀어 놓아 소들이 배불리 먹을 때까지
양지바른 바위에 걸터앉아 해바라기도 하며
즐거운 나의 집 노래도 부르던 시절이 있었다

그러나 소 풀 먹이러 다니던 곳에는
웬 낯선 게스트 하우스가 들어서고
낯선 사람들이 둘레길을 걷는다고
땀을 흘리고 있다
올레 7길 고내에서 한림까지 여름날 가뭄이 들어
십 리 먼 길 연하못 물을 길러 다니던 그 길에
이제 드르렁 드르렁 소리 들리던

정겨운 물드럼통을 실은 소달구지 보이지 않고
펜션에 카페가 줄지어 있다

이제 소달구지에 말 먹이고 소 풀 먹이러
다니지는 않겠지만 성성한 새순 무릇 포기들이
소들의 붉은 혓바닥에 감기듯이 봄이 생생하기를
소중하고 아름다운 자연이 훼손되지 않기를
초롱초롱 빛나던 별자리가 훼손되지 않기를
더 이상 난개발이 계속되지 않기를
농사짓고 사는 사람들도 고향에서 쫓겨나지 않고
옛날 살던 대로 살 수 있기를 ….

붉은 여뀌와 달개비, 쑥

코로나로 집 밖 출입이 많지 않은 요즘

운동 삼아 뒷산을 오른다

숨이 가쁘고 땀이 날 무렵에 도착하는 곳이 있다

고구려 아차산 보루군의 하나인 수락산

보루, 대강 가시나무와 풀들을 쳐낸 둥그런 모양의 왕릉

정도 크기의 보루지만

갖가지 생각을 떠오르게 한다

겨울을 제외하고 봄 여름 가을에 싱싱한 쑥을

캘 수 있게 해 주고 붉은 여뀌꽃과

달개비꽃들을 만나게 해준다

무더운 여름날 콩밭 김을 매다가

붉은 여뀌꽃 포기들을 뽑아 올릴 때

뿌려대는 매운 맛이 아직도 얼얼하다

뜨거운 햇살이 뿌려대듯 알싸한 매운 맛은
더욱 땀을 비 오게 한다
어머니 갈옷 적삼이 땀에 젖는다
그 옆에 앙증맞게 시샘하듯이
피어난 달개비꽃, 파랑색을 바라만 보아도
시원하다 제주 바다보다 더 파랗다
아니 너무나 서늘해서 귀밑머리가 서는 것 같다
저녁예불 마치고 어둔 밤, 산골짜기를 넘어올 때의
서늘한 귀기가 느껴진다 음산하다

그러나 무엇보다도 마음을 편안하게 해주는 것은
쑥, 마다가스카르 대통령도 코로나 바이러스에
약효가 탁월하다는 쑥 음료를
만들어 먹거나 쑥 부침개를 하여 먹는다

구청에서 수시로 보루 정상을 예초기로

다듬어 주어서인지 쑥들은

항상 어린 새순으로 소록소록 눈을 뜬다

단군 신화에 나오는 쑥도 아니고,

이규보의 '요화백로' 시의 여뀌꽃은 아니지만,

부부 전설에 나오는 달개비꽃은 더욱 아니지만,

옛날 옛적 요동의 끝없는 벌판은 아니지만,

고구려의 한 귀퉁이 보루에서

시간을 넘어보며 바라보고 있다

3부

아래 아랫집의 수탉

현상과 존재

예전에는 오토바이를 탄다면
외상을 안 줄 정도로
사고가 걱정이 되었다는데요

요즘 퀵시대가 되고부터는
사방에서 오라고 난리랍니다
30분 이내, 10분 이내 아니 5분 이내로
배달이 안 되면 돈을 받지 않겠다는 광고도
심심치 않게 볼 수가 있다는데요

오토바이 굉음은 여전하지만
사람들의 인식이
많이 바뀐 것 같다는데요

예전 같으면 불량끼 넘치는 청소년들이
차도 이곳저곳을 휘저으며 달리는 통에

눈살이 찌푸려졌었는데 언제부터인가
착실히 돈벌이 잘하는
대기업 사원처럼 보인다네요

오토바이 굉음도 그렇게 싫지 않고
믿음직스럽다네요

그러나 오토바이 사고에 대해
안 좋은 기억이 있어서인지
걱정이 앞선다네요

아래 아랫집의 수탉

어느 날 피카소의 수탉 그림을 보다가
우리 집의 아래 아랫집이 생각나고
나의 어린 시절 수탉 아니 장닭이 생각난다

우리 집에서 제일 큰 밭인 성질(곽지 지경) 밭에서
감저(고구마)를 되는 대로 파서
한 망태기를 짊어졌으나 내 키보다 훨씬 높은
밭담을 넘는 것이 첫 번째 문제였다

위태위태하게 밭담을 넘고 1.5킬로미터나 되는
거리를 어찌 어찌해서 집으로 돌아오는데
마을 안으로 들어서자, 이번에는 홍문주네 장닭이
높은 담장 위에서 나를 노려보고 있다가 덮친다

아니 내 고구마 망태기 위로 날아 앉아서
나를 막 쪼아 댄다
닭들도 내가 몰명(불쌍)한 것을 어찌 알았는지

내 머리며 어깻죽지를 사정없이 쪼아댄다

하, 그날 죽는 줄만 알았는데
그 장닭 집의 젊은 아주머니가 장닭을 쫓아내고
'하 신기한 노릇이다, 대여섯 살밖에 안 된
어린 것이 망태기에 고구마를 짊어지고'
이번에는 장닭이 아니라 이 젊은 아낙이
내 망태기를 빼앗고 통 돌려 줄 생각을 안 한다
기어이 나의 눈물을 보고서야 망태기를 내놓는다

깊은 밤이나 새벽에 가끔 우리 집
아래 아랫집 지하실의 젊은 사내가
동네 지나가는 행인과 시비를 벌이는
소리를 들을 때가 있다
피카소의 수탉 그림처럼 목청을 드러내고
날개와 꼬리를 치켜세운 채

커다란 목소리로 악을 써댄다
"아 이 양반아 조용히 지나가란 말이야,
우리 집에 어린애가 잠을 깰 것 같단 말이야."
오히려 자기 목소리가 더 큰 것을 아는지 모르는지
고래고래 고함을 지른다

나는 어느새 어린 시절 트라우마가 다시 살아나
아무 소리도 못하고 이불 속으로만 들어간다
수탉들의 고함소리가 더 이상 들리지 않기를 바라며
이불 속으로만 들어간다

살다 보면 살아진다

몸이 피곤하거나 괴로울 때는
학교에 근무하는 꿈을 꾸거나 군대 한 번 더 가는
꿈을 꾼다 각반에 전투화 신고 탄띠하고,
군사 훈련받는 꿈을 꾼다
M16 소총, M60기관총, 박격포 등
장비가 물에 젖어 난감해하거나
야간 자율 학습 감독을 끝까지 하지 못해
후배 교사들에게 걱정시키는 꿈을 꾼다
어떤 때는 수업을 해야 하는데 교실을 못 찾는 꿈,
특히 시험 감독을 해야 하는데
시험 교실을 찾지 못하여 헤매는
꿈을 꿀 때는 정말로 힘이 든다
학교 울타리 안에서 이루어지지만 꿈속에서는
아이들보다 학폭 등 업무에 대한 꿈을 꾼다
언제부터인가 두려움인지 강박관념인지
힘이 드는 날은 학교 직장 꿈을 꾼다
군대 한 번 더 갔다 오는 꿈을 꾼다

서울 거저리

서남 아프리카 나미브 사막 딱정벌레
거저리들은 새벽에 모래 언덕으로 올라가
꽁무니를 치켜든다네요

대서양에서 불어오는 시원한 바람을
쐬기 위한 것이라는데요
까만 등껍질에는 돌기들이 나 있는데
물을 잘 흡수하고 안개라도 끼면
돌기 끝에 물방울이 생겨 커지면서
거저리의 몸을 타고 흘러 내린다네요

거저리는 거저 그 물을 빨아 먹기만 하면
된다는데요 그러나 이 기막힌 묘수에도 불구하고
언덕 아래에서는 물과 음식을 한꺼번에 얻으려는
포식자 카멜레온 도마뱀이 기다리고 있다네요

기해년 대한, 찬바람 부는 서울 용두동 거리를

나미브 사막 거저리처럼 꽁무니 들고
내려갈 때에 급전을 얻고 돌아갈 때에
그나마 온기를 지탱해주던 낡은 모자도
바람에 날아가네요
곧 경매가 시작될 것이라는 문자만 날아드네요
도마뱀의 아가리가 보이는 듯해요

고마운 노동

이 새벽 피곤한 잠을 깨우는
달그락 소리 내지 마라
어떠한 먹을 것도 먹지 않으리니
새벽잠을 깨우는 달그락 소리 내지 마라

그러나 말도 안 되는 웅얼거림으로
몇 푼 돈을 벌겠다고 밤늦게까지
원격 수업하는 그 소리도 듣고 싶지 않다
어떠한 것도 필요 없으니 제발 졸린 눈
졸린 잠을 방해하지 마라

이 심야와 신새벽에 무거운 몸을 이끌고
달그락거리고 웅얼거려야 하는 세상
달려야 하는 세상 누가 만든 것이랴

하지만 다행히 새벽 기도석에 앉게 해주는
고마운 노동

심야 N-버스

천천히 가는 심야 N-버스를 타면
동화 속 세상으로 가는 것 같다

눈은 오지 않지만 버스 전조등이
훑고 가는 길이 하얗다
안개 속에 공단 직공들이 기름 냄새를
맡으며 도림천을 걸어가고,
서울로 먼저 올라온 고향 선배는
김은 기름때 전변 움막집에서 튀어나온다

청둥오리와 왜가리는 기름때를 그리워하며
어디서 가쁜 숨을 쉬는 것 같다
방범대원의 호각 소리도 들리는 듯하다

심야 N-버스를 타는 사람들이 누구인지
이제나 그제나 남들 다 잠든 깊은 밤에
참 착하기도 하다 휴대폰만 들여다보며

밭 거울

회색의 하늘과 밭 풍경이지만
거울 햇볕을 받으며 애노란 새순이
자라던 호박 모종들, 지금은 죽은 호박줄기만
흉몽처럼 어지러운데 밭 거울은 지나간
계절을 떠올리고 있는지 멀뚱한 눈으로
밭을 바라보고 있네

밭 거울이라고 해야 누가 이사 가면서
버리고 간 거울 달린 장롱 문짝 하나를 가져와서
텃밭 한 귀퉁이에 눕혀 놓은 것뿐이네
주변 집들이 층수를 높이면서 햇볕이 잘 들지 않아
임시방편으로 햇볕을 더 쬐게 함이었네

그것도 효험이 있었던지 제철에 맞게
줄기를 뻗고 잎도 무성해지며 꽃도 피우던 것이
여간 반갑지가 않은데 열매까지 달리고

잎사귀도 잘 자라줘서 가끔 잎을 따다가
국을 끓여 먹거나 찜통에 쪄서 쌈싸 먹는 재미가
쏠쏠하였네

다시 밭 거울로 돌아가서 호박 씨앗을 심고
새순이 돋고 잎사귀가 무성해지고
꽃이 피고 열매가 맺는 것을
거울은 햇볕을 되비쳐주는 것보다
먼저 다 보고 있었을 것인데
치기스런 농사를 어떻게 지켜 주었을까
초보 농부의 서툰 농사를
어떻게 건디어 주었을까
회색빛 하늘과 밭을 서성이는
바람 같은 주인을 또 기다려 줄까
주역의 뇌화풍雷火豊 괘
태양빛이 넓게 발산되는 모습이네

수요일 토요일

시들어가는 호박 줄기에
물 한 그릇 주고
흙 한 줌 올려 준다

낯선 길 가는 나그네가
목마르고 배고프면
누가 물 한 그릇 밥 한 덩이 건네 줄까

낯선 길 가는 나그네가
호박 줄기 되어 시들고
스스로 물 한 그릇 밥 한 덩이 되어 줄까

오는 수水요일 토土요일에는
아무 절집에나 가서
기도하고 볼 일이다

황금의 집

이사 갈 집을 구하러 다니던 아내가
책들을 고물상에 팔아 버렸습니다
아니 그냥 갖다주어 버렸습니다
그동안 책들을 잘 끌고 다녔었는데
단단히 화가 난 모양입니다

비옷을 입고 몇 번이나 왔다 갔다 했을까요
집값은 오를 대로 올라서 예전의 돈으로는
들어갈 만한 집이 없었던 것입니다

그러나 머리맡 벽에 쌓아 두었던 수백 권의
새 책들마저 몰래 버리다니
일 나간 아내의 전화통에다 대고 쌍소리를 합니다

퇴근하자마자 고물상을 찾아갔으나
이미 문은 잠겨 있었습니다

날은 어둡고 비까지 내리는데
불도 다 꺼져 있었습니다

나는 주저하지 않고 철제문을 흔들고
고함을 질러댔습니다
개가 컹컹 짖었으나
철제 대문을 계속 흔들어 댔더니 주인이 문을 열어줍니다
다급하게 빗속에 젖어가는
책들을 뒤적여 찾아냈습니다

문학 잡지와 전공 서적까지 책들은
이미 비에 젖어 부풀대로 부풀어 올랐습니다
정신 없이 빗속에 책들을 주워 담았습니다

서중자유황금옥書中自有黃金屋 편액까지
써주신 선생님에게 여간 부끄럽지가 않습니다

책 속에서 황금의 집을 찾기는 고사하고
가족들이 살 공간조차 마련하지 못했으니
체면이 말이 아닙니다
제대로 된 책의 길을 가지 않았기 때문입니다
어쩌면 이사 가면서
남편인 나를 버리고 가지 않은 것만으로도
다행이겠습니다

은행

은행 열매를 줍는다
냄새나고 끈적한 과육 열매가 아니라
하얗게 잘 손질된 백과 은행 열매를 줍는다

작년 겨울 텃밭에서 손이 곱아 가면서 손질한
은행 열매를 한 해 동안 방안에서 이리저리 굴리다
참지 못한 아내가 버린 모양이다

천식, 기침 등 기관지와 호흡기, 순환기에 좋고
혈전을 없애고 혈액 순환을 도와
보약이나 마찬가지라는 것을 모르지는 않을 것이다

한 해 동안 껍질을 까고 먹다가
냉장고에 쑤셔 넣은 일이 몇 번 있었는데
그것이 원인일 수 있겠다
또 양파망에 넣어 한약 봉지처럼 걸어 놓은 것이

마음에 들지 않았을 것이다

아니면 보약 같은 거 먹지 말고
어서 빨리 죽으라고 갖다 버렸는지 모른다
지난번 이사할 때 책을 갖다 버리듯이
얼마나 미웠으면 말도 없이 버렸을까
나도 소크라테스처럼 철학자나 되어 볼까

은행 열매를 줍는다
버려진 나를 줍는다
소크라테스를 줍는다

신 월인천강지곡

월인천강지곡이 아니고
천인천월지곡이다

천 개의 달이 개천에 비친다
이백이 희롱하던 달이 아니라
그냥 가로등에 걸린 달이다

초승달, 상현달, 보름달, 하현달
그믐달 하천을 따라 걷다 보면
어느새 석 달은 훌쩍 지나가 버린다

부처님의 자비가 저 달처럼
천 강에 비치는 것이 아니라,
물의 신 하백의 젖줄이 천 개의 달에게
목마름을 씻어주고 있다
물의 곡신이 하늘의 달에게
어둠을 씻어 주고 있다

나도 한때는 달이 우러러 보였으나
이제는 개천이 우러러 보인다
달을 보며 걷는 것이 아니라
개천이 기르는 달을 보며 걷는다
개천을 따라 걷다 보면
달이 왜 개천에 떠 있는지
달이 왜 목마른지 알 것도 같다

더 이상 개천에서 용이 나지 않으니
달이 개천에 들어와
용이 되기로 한 것은 아닐까
목마른 달을 내려다보며 개천을 걷는다
달의 목마름을 풀어 주는 개천을
내려다보며 걷는다
주역의 지택림地澤臨 괘
용이 하늘에서 천하를 굽어보는 모습이다

시꾸다

돌아가신 외할머니가 꿈에 시꾼다
잠자리가 불편했는지 누구로부터 욕을 먹고 있는지
요즘은 부쩍 돌아가신 분들이 꿈에 나타난다
이룬 것도 없이 남들로부터 미움이나 받으면서
살아온 것은 아닌지 지난날을 돌아보게 한다

어제는 외할아버지 장례를 치르는 꿈인데
외할머니 모습이 생생하다
묏자리에 무슨 일이 생긴 것인지
몸과 마음이 피곤한 것인지
꿈자리가 뒤숭숭하다

어떤 때는 군대를 한 번 더 가거나
직장에서 난처한 상황에 쫓기는 꿈을 꾸기도 한다
학창 시절 한때는 절에 도피해 있었는데
그때 스님이 출가하라는

말씀을 들었어야 하는 것이 아닌가

주역의 산수몽山水夢 괘

산 아래 계곡물이 흐르는 모습이다

* 시꾸다: '(꿈을)꾸다'의 방언

4부

자귀나무꽃

중랑천 걷기

2시간만 걷자고 나선 길인데
예기치 않게 먹구름이 몰려오고
비설거지 바람이 불어온다

천변을 벗어날 길이 달리 없는 것을 알면서도
일종의 객기스런 오기가 발동한 셈이다
자전거를 타는 사람들이 있기도 해서
걷기로 한다

웬걸 바람은 휙휙 더 세게 불더니
빗방울이 후둑후둑 떨어지기 시작한다
주역의 수뢰둔水雷屯괘,
비 뿌리고 천둥소리가 들리는 상이다

걷는 사람들은 벌써 대피했는지 보이지 않고,
자전거 타는 사람들만 다리 밑에서
비를 피하고 있다

더 이상 무리인 것 같아
다리 밑에서 함께 비를 피하기로 한다
그러나 저녁 수업도 있고 해서
마냥 기다릴 수는 없다
우산도 없이 비바람이 불어오는 방향으로
비를 안고 걷는 것이 생각보다 힘들다

휴대폰은 마침 비닐봉지가 있어 싸매고
호수머니에 넣었으나
이미 옷과 신발은 모두 젖은 상태다

남들이 보았다면
어김없이 물에 빠진 생쥐 꼴이다
쥐구멍이라도 있으면 숨고 싶은 때가 있다던데
이런 경우를 이르는 말이 아닐까
날마다 물에 빠진 것 같은
삶이 부끄럽다

후박나무 차

내가 아는 인철 스님은
서귀포 남국 선원에 계시다
언젠가 책을 한 권 보내드렸더니
전화가 와 지내시기가 어떠신지 물었더니
괜찮다고 하신다

마을에서는 몇 번째 가라면 서러울 정도로
공부 잘하고 머리가 좋아서 국립 서울대와
카이스트 박사를 졸업했다
K대 전자공학과 교수를 하다가
어느 날 홀연히 출가했다
마을의 부모님과 가족들은 얼마나 걱정을
많이 했는지 모른다고 한다

남국의 선원, 종철이 형한테
나도 따라가고 싶다
후박나무 빗물을 받아 후박나무 껍질로

차를 끓이는 남국 하늘에 기대고 싶다
몇 년 후 인철 스님을 만난 선배에게서
눈빛이 여전히 형형하다는 말을 들었다
고향에 돌아와 불상도 모시지 않고
승복을 입고 있다고 했다
그것은 예전에 아내가 이혼을 해 주지 않아
조계종에서 정식 출가자로 인정하지 않는다는
것이다
그러면 어떠랴
이미 경지를 넘어섰는데

오세암 五歲庵

오세암 절 뒷방에서 잠을 잔다
기상청 예보가 한두 번 틀리는 것은 아니지만
큰비 소식이 없었는데도
산중에 밤이 되자 빗줄기가 거세진다

새벽이 될 때까지 쉬지 않고 내리는 비
설화 속 동자승처럼 오들오들 떨며
관세음보살을 염했으나 잠이 오지 않는다
암자가 빗물에 떠내려가면 어쩌나

설화 속 동자승이 되어 삼촌 스님이 돌아오길
손꼽아 기다려 본다
겨울 석 달 혼자 지내는 것도 무섭지 않다
스님 말씀대로 관세음보살을 염하면
실제로 '저 어머니가 언제나 찾아와서
밥도 주고, 재워도 주고, 같이 놀아도
줄 것이기' 때문이다

관세음보살만 외우면 살 수 있다

눈이 오면 어쩌랴

짐승이 다가오면 어쩌랴

배고프지도 않다

춥지도 않다

관세음보살觀世音菩薩

관세음보살觀世音菩薩

파꽃

파꽃이 열렸다
회암사지 입구 파밭에 버룻버룻
고개를 내민 하얀 파꽃들, 주장자들
나옹과 지공이 짚다 버린 것을
무학이 돌아와 키워 놓았다
한밭 가득 키워 놓았다

이름은 자초自超, 호는 무학無學
'번뇌를 끊어 닦을 것이 없는 경지'라는 뜻
인도승 지공指空으로부터 가르침을 받았고
나옹의 회암사 수좌 초청을 거절하였다
고려말 퇴락하는 불교를 비판하다가
이성계를 만나 그가 왕이 될 거라고 예견하였다
한양 천도에 힘썼으며, 유교의 조선에서
불교인으로 주도적인 역할을 맡았으나,
기득권에 안주하지 않았던 유일한 인물이다

논을 가는 노인에게서
'이 무학이보다 미련한 놈의 소!'라고
야단맞고서 놀란 무학
한양 땅에 성부터 쌓고서야
대궐이 완성되었다는 설화 속 인물이다
파밭 가득 하얀 주장자꽃을 키워 놓았다
나옹과 지공이 짚다 버린 주장자를
미련한 무학이 다시 돌아와 키워 놓았다

살채기 정낭

초가지붕이 햇빛을 받아
더욱 누렇게 바래가는 집
살채기 정낭이 닫혀 있는 집
누군가 제주도를 방문하여
사진을 찍어 놓았나 보다

서울에서 내가 가르치고 있는
아이들의 참고서에 박힌 사진
나는 아이들에게 우리 집을 찍은 사진이라고
말하지 못하였다

안거리 박거리 쇠왕 구루마집
양철 채양, 집 왼쪽으로 통시와
그 뒤로 풍낭, 뒷집 영구네 집
틀림없는 우리 집 사진이었다

올레에 풀 한 포기 없고

어귀에 심은 무궁화나무
잎사귀가 없는 것을 보면
이른 봄날 대낮인 듯하다
올레에 경운기가 있는 것을 보면
우리가 살 때임이 분명해 보인다
어머니 목소리가 들리는 듯하다
'언제 다시 만나지카'

자귀나무꽃

연분홍 솜털 꽃이
물안개처럼 피어오를 때면
자귀로 자귀나무 제 발등을
꽝꽝 찍는 여인들이 생각난다

'저것들만 아니면,
저것들만 아니었으면
벌써 떠났을 것을'
어머니가 우리들을 보고 그러셨고
집사람이 자식들을 보고 그랬다

초여름 초록 잎사귀들 위로
공작새같이 우아한 깃털을 뽐내는 꽃
연분홍으로 피어나는 자귀나무꽃을 보면
한숨이 절로 나온단다.
남들은 합환수니 부부 화목을
상징하느니 하여도

나는 자귀나무꽃만 보면
어머니 한숨만 절로 생각난다

아내도 어머니와 비슷한
나이가 되자 한숨만 쉬고 있다
그러나 어머니에게 저 자귀나무라도
없었으면 어찌 하였을까
지금도 어머니는 꿈속에서
자귀나무 제 발등을
쫭쫭 찍으신다
촐(꼴)을 베러 간 붉은 돌 촐밭(꼴밭)
자귀나무 아래에서
하얀 구더기가 스멀스멀
기어다니는 고등어이지만
구웠으니 맛있게 먹으라고
권하시던 모습이 생각난다

하지만 아내에게는

자귀나무도 없고

고등어도 없으니 어찌할까

형제

바다가 그리워서 말없이 떠나보낸
바다가 그리워서 무작정 서울 길을 나선다

어찌 들으면 제주도처럼 들리는 제부도
해안가 경비정을 좇는다
경비정 꽁무니로 하얀 물살을 내뿜듯이
살아왔구나 거침없이 살아왔구나

그러나 오늘 거친 하얀 물살을
무릎걸음으로 부여안으며 좇는다

바다에 와서도 바다가 한없이 그립다

한때는 얼마나 벗어나고 싶어 했던 바다인지
섬에서 난 것들은 알 것이다

띠풀, 괭이갈매기, 도꼬마리 씨들

쇠비름들… 하다못해 한 조각 뜬구름조차
빙빙 둘러쳐진 한의 울타리를
검은 물의 장막을 느낄 것이다

가난과 멸시의 서러움을, 섬을
유채를 베던 낫을 내던지고 떠난 형들
보리밭을 매던 호미를 내버리고 떠난 동생들
섬 둘레를 아무리 비췻빛 천으로 장식하고
아무리 아름다운 노래로 들려준다고 할지라도
그것들이 우리들의 한계라는 것을 모를 리 없었다

무릎걸음으로 부서진 포말들을
다시 부여안으니 비로소 한계가 모호해진다
세월들이 잠잠해진다

갈기를 세우고 달려들던 말들도

잠시 순해진다

거친 벌판을 자갈밭에 탱크를 달리듯이

들끓게 하던 마음짐도 멀어져 간다

내일이면 어머니 제삿날이 돌아온다

동행

가을 하늘이 파래서 눈부시고
하늘거리는 코스모스가 시골처럼 정겹네

학교 친구와 덕소에서 원주까지 걷기로 하네
여행 경비도 없이 200여 킬로미터
2박 3일 동안 걸으며
농가가 나타나면 들깨 터는 일이나
거름 옮기는 일 등을 도와드리네

절간이 나타나면 같은 종단 학생이니
무작정 하룻밤을 재워 달라고 부탁하거나
요기를 부탁하네

때로 강물 위 철길로 가거나 터널로 가다가
뿌드득 뿌드득 열차가 달려오면
무작정 구렁텅이에 몸을 피하거나
물로 뛰어드네

너무 위험천만한 게 아니냐면서

말다툼이 시작되어

각자 자기가 가고 싶은 길로 가기로 하네

중간 지점 어디에서 만나기로 하고

친구는 여전히 지름길인 철길로 가고

나는 구불구불 먼 길 도로로 걷네

나는 용기도 없고 철길에 대한 안목이 없어서

무작정 위험하다고만 말하네

그러나 친구는 내가 한심하다고 말하네

원주에 도착했을 때는 날이 어두워진 것처럼

서먹서먹해진 친구의 얼굴을

마주할 수밖에 없었네

주역의 화수미제火水未濟 괘

바다 위로 태양이 떠올라 각자의 길을

가고 있는 모습이네

마루 밑으로 숨다

동네 뒷산에 상수리나무들 여럿이 모여
한 동네를 이루고 있지요
늘씬하게 키가 커서 하늘로 쭉쭉 뻗었지요
상수리 꼬마전등도 수없이 매달아
연둣빛 수줍은 불을 밝히고 있네요

뒷동산에 바람이 불면 댓잎소리에 스러지듯
내 몸부터 으스스 떨려 오네요
상수리나무 동네 뒤로 쫓아오는 구름을
한없이 바라보고는 했지요

어떤 날은 시커먼 먹구름이 몰려와
앞마당에 빗방울들을 뿌리고 가기도 하였지요
그러면 앞마당에서 놀던 닭들 마루 밑으로
숨어들곤 하였지요 아직 뒷마당 햇빛 요란한데요

동네 뒷산 상수리나무들 우리 집 마당을

여태 굽어보고 있었는지 먹구름 멀리 쫓아버리고

시원한 바람을 불러오기도 하지요

주역의 지천태地天泰괘 하늘과 땅이 뒤바뀌어

태평해지는 역易은 역逆이라네요

도솔천

도솔봉으로 올라 산길을 걷다 보면
이상하게도 발걸음이 가벼워지네
막걸리 몇 잔 때문인 것 같기는 한데
무언가에 끌려가는 것 같네

59억 7천만 년 뒤에 오신다는
미륵불을 만나는 것 같네
미륵보살이 현신해 온 것만 같네

산에서 그러면 안 되지만
막걸리 몇 잔에 취해 그 흔하디 흔한
싸리나무도, 닭의장나무도, 누리장나무도,
개여뀌도, 달개비도, 팥배나무도, 물푸레나무도
나비들도 새들도 다 미륵보살이
현신한 미륵불 같네

엎드려 절을 하니 발밑에 무릎 아래
흙과 모래가 돌멩이들이 미륵이네

하늘과 바람과 구름이 미륵이네
내가 지금 어디를 헤매고 있는가

도솔천 하늘 아래 땅 위에
미륵 아닌 것이 어디 있는가
엊그제 세상을 떠나신 선생님이
바람이 되고 잔돌이 되고
풀꽃이 되었을까 미륵이 되었을까
매월당 김시습은? 연락되지 않는 친구는?
다 미륵이 되었을까

도솔봉으로 올라 산길을 걷다 보면
미륵보살이 현신해 이끄는 것만 같네
산에서 그러면 안 되지만
막걸리 몇 잔에 취해
59억 7천만 년 뒤에 오신다는
미륵불을 만나는 것 같네

수락산

한 해 열심히 살았더니 가란다
잘릴 정도로 열심히 살았더니 보람도 많다

학교를 살리려고 교장 초빙제를 제안하고
자율형 공립고 전환 TF팀에서
열심히 일을 했더니 가란다

지역 국회의원은 자율형 공립고로 지정된 것이
자신의 공적이라고 선전하고
초빙된 교장은 각종 매체와의
인터뷰에 훌륭하다

누구나 밀알이다
절 싫으면 중이 떠나듯이
막교사가 명령에 순종하면 그만이다
설악산 발음을 닮은 스락산, 수락산
아랫녘 나의 생업이 눈부시다

주역의 뇌산소과雷山小過 괘

산꼭대기에 천둥이 울려 메아리치는 모습이다

5부

거푸집

거푸집

 고흐의 자화상을 보았다
자화상 속의 고흐가 나에게 말을 걸어왔다
다시 보니 고흐의 귀가 자화상을 자르고
상처가 하얀 붕대를 감싸고 있는 것 같았다

상반신의 고흐가 자신의 거푸집으로
들어가 소리를 찾았다
소리의 물결은 금세 눈으로 빨려 들어가
동공의 연두색이 미세하게 움직였다
진녹색의 외투도 소리처럼 꿈틀꿈틀 자라나
머리털을 삐죽삐죽 곤두서게 했다

그러나 대각선으로 흘러야 할 입술의 강은
흐름을 멈추고 콧등의 산맥마저 완강했다
얼굴은 밭을 갈아엎어 황톳빛으로 무거웠다

그날 내가 본 것은 고흐의 귀가 자화상을

자르고 상처가 붕대를 감싸는 것 같았다
소리가 피를 흘리며 신음하는 것 같았다
비로소 내가 들리는 것 같았다

금강산 귀면암

금강산 귀면암 그림을 본다
가운데로 귀면암 바위가
우뚝 서 있고 좌우로 거대한
산봉우리들이 둘러싸이고
협곡 뒤편으로 산안개와 구름이
골짜기 아래까지 아득하다

영화 아바타의
한 장면처럼 느껴진다
까마귀 한 마리가
높이 날고 있고
귀면암 앞에 신록이 돋아나는
버드나무들도 신비롭다

오른쪽 바위의 청솔들은
금새 후두둑 솔향기라도
털어낼 듯하다

원경과 근경의 조화를 이루고
좌우 대칭이 잘 맞는 것 같다

바위들도 막 튀어나올 듯이
울퉁불퉁하다
마치 신선 세계에나
들어온 것처럼 숙연해진다

누군가 인터넷 경매 사이트에
내놓은 그림을 보면서
오랜만에 안복을 누린다
흑백 담채에 초록색이 가미된
북한화 한 점
경매 신청을 하고 싶었으나
누군가 재빠르게 경매를 완료하여
만수대 공훈작가의 이름만
쓸쓸히 걸려 있다

사냥

무용총 수렵도를 본다
빛바랜 주황색 바탕에 검정색 주름진
산맥 위를 사슴 두 마리가 달려간다
그 뒤로 깃털모자 쓴 사냥꾼이
말 타고 달리며 활을 쏜다
산맥 그림 아래로는 호랑이 두 마리를
말 탄 사냥꾼 세 명이 활을 쏘며 쫓는다
나무들은 마치 고사리처럼 단순화시키고
산들은 사슴이나 호랑이,
사람들보다 작게 그려져 있다

오늘의 수렵도에는 사냥꾼들이 백두산
천지를 오르고 압록강 뱃놀이를 한다
저 끝없이 이어진 수백, 수천의 사냥꾼들이
백두산 천지를 오르고 압록강을 건넌다
누구는 백두산이 남산만하다고 한다
누구는 말 타고 압록강을 바라보니

압록강이 청계천만하다고 한다

고구려의 기상이다 무용총 수렵도이다

산 지렁이

만경대 동북쪽 응달진 바윗돌에
연두색 이끼로 붙어 있겠다
찬 돌 흙냄새를 맡으며
산 지렁이나 되어 있겠다

먼 파도소리가 찻소리에 묻혀 들려올 때
까마귀 울음도 정겨워라
이 얼마만이냐 산에 나를 보냄이

예기치 않은 인기척에 꿩들이 놀란다
이 시큼달콤한 인기척의 냄새
누가 내뿜는 은밀한 사랑이냐

비로소 산에 안겨서
내 몸의 썩는 냄새를 맡는다
내 몸의 더러운 욕망을 읽는다
주역의 산뢰이山雷頤 괘

산 아래턱에 초목이 자라고

있는 모습이다

천사나팔꽃

천사나팔꽃을 본다
바람에 넓적한 잎들이 하늘거린다
잎들 사이로 호박꽃빛 천사나팔 꽃대가
팡파르를 울리는 것 같다
이사 온 것을 환영이라도 하는 듯하다

이 집으로 이사 오고 나서 아이는
전에 살던 옛집에 가보았다고 한다
불과 몇 달 전까지만 해도 체온을
보듬고 살던 집이 온데간데없더라고 한다
집이 있던 자리에는 천사나팔꽃 화분이
놓여있었고, 시멘트 콘크리트가
발라져 있었다고 한다
노란 주차 구획선도 그어졌다고 한다

그날부터 아이는 신열을 앓으면서 아팠다
그러나 주차장으로 변한 그 집 자리의

천사나팔꽃 화분을 몰래 옮겨다 놓고
음악 테이프를 걸어 밤낮 없이 들려주었더니
천사 나팔꽃에서 구원의 말씀이 쏟아지듯이
은은한 향기가 뿜어져 나왔다
내가 보기에는 아이가 천사 나팔꽃 향기를
맡은 정성으로 다시 건강해진 것 같다
주역의 지뢰복地雷復 괘
봄마다 싹이 나오는 모습이다

고시원

때로는 며느리가 오고
손자가 오고
사회복지사가 오고
아들이 약봉지를 들고 오고
가끔 우편물도 오고

그러다가 경찰관들이 오고
과학 수사대들이
흰 가운을 걸치고 오고

그러다가 누가 갔는지
누가 오지 못하는지
모르고 있다가

낯선 이방인이 들어서는 방
창문도 없이 관 속 같은 방

전등 불빛이

영문도 모르고

깜빡거린다

버들잎

버들잎들이 냇물에
떠서 종종 흘러가네

버들잎들이 냇물에
잠기어 슬프게 흘러가네

버들잎들은 버드나무에
달려 있을 때도 좋지만

냇물에 떠내려가는 모습은
더욱 아름답네

은어 떼나 버들치 떼가
흘러가는 것 같네

버들잎들이 물속에
가라앉을 것은 가라앉고

흘러갈 것은 흘러가서
비로소 큰 강물과 만나고

버들잎의 냇물은
흔적도 없이 강물을 따라
바다에 이르겠지

우리도 저처럼
슬픔도 한도
흔적도 없이
바다에 이르겠지

어느 날
버들잎 태풍이 되어
냇물로 돌아올지 모르지만

가을 수채화

멀리서 자기들끼리 보아도
신갈나무인지 졸참나무인지
갈참나무인지 떡갈나무인지
비슷해서 구별이 잘 안 되는데
어쩌다 떡갈나무 단풍잎들이
자기 그림을 그리다 보면
허옇게 말라버린 나뭇잎들 사이에
아직도 푸른 기운이 남은 것 사이에
주황색 물이 제대로 든 단풍잎들이
자기 모습을 꽤 잘 그리기도 하네

하늘이 청청히 푸르게 잘 그리는데
떡갈나무 줄기들은 이리저리 거멓게
헛붓칠을 하고 있을 때도 있네
뒷배경 사선 능선의 불암산이
바위투성이 자기 모습을 그리고
더러 벌레 먹은 나뭇잎 사이로

푸른 하늘이 흰구름도 듬성듬성
그려 넣기도 하네
허연 바위들도 그림 액자에 걸맞게
떠억 무게감 있게 안정감 있게
자기 모습들을 그려내기도 하네

그러나 사람들은 자기 모습을
그리는 데도 인공지능 AI가 없다고
못 그리겠다고 한숨만 쉬네

채송화

운옥의 형 어멍 집
들어가는 올레에
채송화가 핀다
빨갛게 노랗게
자주색으로 핀다
따가운 햇살 아래지만
제 색깔을 내고 있다

운옥의 형 어멍 말씀
'느네 어멍은
그것이 흔이여'
한계라는 말씀

어머니가 돌아가서
울고 있는 나에게
채송화가 빨갛게 노랗게
자주색으로 말하고 있다

'느네 어멍은
그것이 흔이여'

채송화가 울고 있다
빨갛게 노랗게
자주색으로 울고 있다

옥룡 玉龍

우이천을 따라
옥빛 물이 흐른다

한강을 따라
옥빛 물이 흐른다

바다를 따라
옥빛 물이
흐른다 영원으로

우이천 한강
바다가 아득하여라
옥빛으로 아득하여라

백룡 청룡 흑룡도 아닌
옥룡으로 아득하여라

** 해설
난경難經을 걸어가는 방식

김춘식(문학평론가·동국대교수)

 강상윤 시인의 이번 시집은 기억에 대한 회고와 여행을 통해 발견한 고대에 대한 상상적 기억의 재구축이 서로 연관되면서 시인의 '현재'를 성찰하고 보여주는 점이 특징적이다. 이런 '발견'의 감각은 한편으로는 시인의 '자아 찾기'와도 깊은 관련이 있는데, 급격한 시대의 변화와 흐름 속에서 한 생을 정신없이 살아온 시인의 세대론적 '정체성'에 대한 성찰과 고민이 자연스럽게 느껴지는 작품들이 주를 이루고 있다.
 시집 전반부의 여행 시편이 '고대사에 대한 내셔널리즘적 감성'에 어느 정도 경도된 면이 없지 않지만, 이 시집의 전반적 시편들은 오히려 일상적 삶 속에서 고립되고 소외되어 가는 장년 세대의 현재와 과거에 대한 회고가 주를 이루고 있고 이 시집의 무게 중심도 이런 일상의 시편에 있다고 판단된다.
 한국사와 연관된 '상기적(플라톤의 아넴네시스를 포함하

는) 감각'은 현재의 너무도 가벼운 삶에 대한 보상적 감성의 산물이기도 하다. 먼지처럼 사라져 버릴 '시간성'을 살아가는 존재란 한낱 100년의 삶도 살지 못하는 '한계' 속에 있고 이런 '순간성'을 보상하는 상상이 영원성이나 고대성에 대한 회고의 감각을 만들어 낸다. 플라톤의 아넴네시스(상기로 종종 번역되는)는 인간의 영혼이 자신의 탄생 이전에 보았던 이데아적인 영원불멸에 대한 기억을 말하는데, 일상적인 삶 속에서 이런 감각은 종종 기시감이나 자신의 개체성을 넘어선 영원한 것에 대한 '순간적인 자각이나 계시' 같은 것으로 나타난다.

시에 나타나는 고대성이나 과거의 유적, 유물에 대한 감성은 이런 눈앞의 물질적 사물에 대한 '상기의 감각'을 종종 소환하는데, 이런 고대성에 대한 감성이 '문화적 내셔널리즘'이나 '풍속적 공동체성'에 대한 자각과 연관되면 이런 발견은 한 개인의 사적 일상을 넘어서 공동체로서의 '민족'이나 '민족사'의 발견으로 확장된다.

여행이나 기행을 통해 발견한 유물과 유적에 관한 체험이 시적으로 변화될 때, 이런 감각의 소환은 종종 나타나는데, 시간을 거슬러 고대로 회귀하는 감각과 개체로서의 현재적 삶의 순간성이 만나서 만들어 내는 '부조화'는 결국은 종종 '아이러니의 체험'으로 귀결된다. 개체로서의 삶의 순간성과 문화적 전체성이나 시간을 초월하는 영속성의 만남은 '전체에 대한 회귀'를 통한 안정성과 아이러니한 분열 체험을 동시에 가능하게 한다. 전자가 문화주의적 민족사나 공동체적 감성의 동일성 체험으로 나타난다면 후자는 실존적 균열과 삶의 아이러니로 인한 허무와 비애의 감정으로 표출된다.

강상윤 시인의 고대 유적에 대한 체험은 이 두 양상 사이에 그대로 존재하는 듯하다는 점에서 공동체에 대한 신뢰와 개인적 소외 사이에서 갈등하는 자아의 양상을 보여준다. 이 점은 다른 일상적 체험과 과거에 대한 회고를 쓴 작품에서도 그대로 나타난다. 예를 들면 강상윤 시의 시적 화자들은 대부분 자신이 살아온 시간과 공동체에 대해 애정과 실망이라는 양면적 감정을 보여주는데, 이런 감정은 삶에 대한 기대와 배반이라는 체험의 산물이다. 기대만큼 살아갈 수 없었던 것이 회한과 후회의 감정의 기원인 것처럼, 시적 회고의 상당수는 '애정이 깃든 대상과 기억'에 바쳐질 수밖에 없는 것이다.

"100년도 못 사는 인생에 5~6천여 전의 문명과/문화가 무슨 의미가 있을까마는 우리 옛 조선/민족의 시원이 시원하게 밝혀지지 않는 것이/ 안타까울 뿐이다"(「적봉赤峰의 하루」일부)와 같은 시는 개인적으로는 후반부의 논평은 삭제해야 더 좋은 시가 됐을 것이라는 생각을 하지만, 이런 논평이 붙는 방식은 마치 한학적 지식인의 역사 논평 방식을 연상시킨다는 점에서 '시적 형식미'의 차원을 넘어서는 다소 흥미로운 점을 지니고 있기도 하다. "100년도 못 사는 인생에 5~6천여 전의 문명과/ 문화가 무슨 의미가 있을까마는"으로 이 시가 끝났다면, 아마도 이 작품은 역사의 긴 시간으로부터 '분열된' 개인의 실존적 아이러니를 드러내는 작품이 되었을 것이다. 그러나 이 논평의 첨부는 이 시의 화자가 지닌 특성인 '공동체에 대한 태도'를 그대로 보여주는데, 더구나 그 논평의 방식이 한학적 지식인의 논평 태도인 '안타까움'이라는 점에서 인상적이다. 이 점에 대해서는 뒤에 좀 더 자세히 서술할 터이지만, 이 시의 화자가 보여주는 '고대 유적'에 대한 태도는 시인의 공동체에 대한 감각과 감수성을 잘 보여준다는 점에서 주목할 만하다.

이 시집 전편에 나타난 시적 자아의 공통적인 특성은 '공동체 혹은 시대의 모순'을 그 자체로 미워하기에는 본질적으로 '선한 감정'을 가지고 있다는 점이다. 굳이 말하면, 스스로 약자임을 인정하지만, 시대의 부정성이나 공동체의

타락에는 쉽사리 순응할 수 없고 또한 시대와 공동체를 증오하기에는 너무나 착한 존재로서의 감정을 드러낸다. 이런 시적 자아가 취하는 감정의 구조는 종종 실망이나 배반의 감정을 회한이나 비애, 체념과 애상의 형태로 변주하는 것으로 나타나고는 한다. 더 큰 범주에서 보면 일종의 '상실감', '상실의 시대'에 대한 감각으로 볼 수도 있을 듯하다.

이런 '상실'에 대한 감각은 긍정적으로 말하면, 약하지만 타락하지 않은 자의 '선함을 지키기 위한 가장 강력한 저항'의 일종이라고 할 수 있다. 상실을 묵묵히 견딘다는 것은 회고주의와 견인주의가 만나는 과정에서 일종의 '인격적 자기완성의 열망'으로 변형되는데, 강상윤 시인의 경우에는 이런 상실에 대한 감각이 유교적 극기와 주역의 '처리'에 대한 불가항력의 이해를 통한 대응으로 자주 나타난다.(「은행」, 「황금의 집」, 「중랑천 걷기」 등) 존재적 아이러니를 경험하는 매 순간 시인의 '성찰'은 균열보다는 자아의 '발견과 보존'을 더 열망하는 형태로 나타난다. 공동체적인 '숭고'에 환호하는 '열광'의 감정도, 그렇다고 개인의 철저한 소외와 분열의 상태를 저 '밑바닥'까지 내려가서 확인하는 '집착'도 주저한다는 점에서, 강상윤 시인의 시적 화자는 대부분 '중용'의 상태를 지향하는 인격주의적 태도를 지향한다.

은행 열매를 줍는다
냄새나고 끈적한 과육 열매가 아니라
하얗게 잘 손질된 백과 은행 열매를 줍는다

작년 겨울 텃밭에서 손이 곱아 가면서 손질한
은행 열매를 한 해 동안 방안에서 이리저리 굴리다
참지 못한 아내가 버린 모양이다

천식, 기침 등 기관지와 호흡기, 순환기에 좋고
혈전을 없애고 혈액 순환을 도와
보약이나 마찬가지라는 것을 모르지는 않을 것이다

한 해 동안 껍질을 까고 먹다가
냉장고에 쑤셔 넣은 일이 몇 번 있었는데
그것이 원인일 수 있겠다
또 양파망에 넣어 한약 봉지처럼 걸어 놓은 것이
마음에 들지 않았을 것이다

아니면 보약 같은 거 먹지 말고
어서 빨리 죽으라고 갖다 버렸는지 모른다
지난번 이사할 때 책을 갖다 버리듯이
얼마나 미웠으면 말도 없이 버렸을까
나도 소크라테스처럼 철학자나 되어 볼까

은행 열매를 줍는다
버려진 나를 줍는다
소크라테스를 줍는다

─「은행」 전문

"버려진 나를 줍는다/소크라테스를 줍는다"라는 소외된 인문주의자의 '자조와 위로'에는 자아와 타자 모두에 대한 '연민'의 감정이 포함되어 있지만, 그 자체로 보면 패배주의 또는 원망과 증오의 감정이 틈입할 여지가 없다. 이런 '자조와 위로'는 오히려 패배를 모르는 '인문주의자'의 전형적인 자기 인내와 정신적 승리의 결과물이다. "보약 같은 거 먹지 말고/ 이시 뻴리 죽으라고 샀다 버렸는지 모른다 /지난 번 이사할 때 책을 갖다 버리듯이/ 얼마나 미웠으면 말도 없이 버렸을까"와 같은 구절을 보면, 시적 화자는 원망이나 미움보다는 '연민'의 감정으로 아내를 바라본다. 미움받는 자신에 대한 자조와 동시에 아내의 미움을 이해하는 연민의 태도가 '증오'나 '투쟁'의 감정이 되기는 어려울 것이다. '버려지는 것'이 '인문주의자'의 숙명이라는 듯한 체념은, 역설적으로 말하면 '포기'를 통해 '자신의 신념'을 지키는 개인적 순교의 방식이다.

"지난 번 이사할 때 책을 갖다 버리듯이"라는 구절은 다른 시 「황금의 집」을 연상시키는데, 이 시는 소크라테스의 '악처'처럼 되어 버린 아내에 대한 저항과 연민 그리고 자신에 대한 자조와 희화화가 동시에 나타나는 작품이다. "버려진 나를 줍"듯이 「황금의 집」에서는 남편인 자신을 버리지 않고 이사 간 것이 다행이라고 스스로를 위로한다.

>   이사 갈 집을 구하러 다니던 아내가
>   책들을 고물상에 팔아 버렸습니다
>   아니 그냥 갖다 주어 버렸습니다
>   그 동안 책들을 잘 끌고 다녔었는데
>   단단히 화가 난 모양입니다
>
>   비옷을 입고 몇 번이나 왔다 갔다 했을까요
>   집값은 오를 대로 올라서 예전의 돈으로는
>   들어갈 만한 집이 없었던 것입니다
>
>   그러나 머리맡 벽에 쌓아 두었던 수백 권의
>   새 책들마저 몰래 버리다니
>   일 나간 아내의 전화통에다 대고 쌍소리를 합니다
>
>   퇴근하자마자 고물상을 찾아갔으나
>   이미 문은 잠겨 있었습니다

날은 어둡고 비까지 내리는데
불도 다 꺼져 있었습니다

나는 주저하지 않고 철제문을 흔들고
고함을 질러댔습니다
개가 킹킹 짖었으나
철제 대문을 계속 흔들어 댔더니 주인이 문을 열어줍니다
다급하게 빗속에 젖어가는
책들을 뒤적여 찾아냈습니다

문학 잡지와 전공 서적까지 책들은
이미 비에 젖어 부풀대로 부풀어 올랐습니다
정신 없이 빗속에 책들을 주워 담았습니다

서중자유황금옥書中自有黃金屋 편액까지
써주신 선생님에게 여간 부끄럽지가 않습니다
책 속에서 황금의 집을 찾기는 고사하고
가족들이 살 공간조차 마련하지 못했으니
체면이 말이 아닙니다
제대로 된 책의 길을 가지 않았기 때문입니다
그러나 이사 가면서
남편인 나를 버리고 가지 않은 것만으로도
다행이겠습니다

―「황금의 집」 전문

'서중자유황금옥書中自有黃金屋'을 금과옥조처럼 여기는 화자의 태도는 여전히 유가적 선비의 '청빈' 감각이 내재화된 것으로 보인다. 가족에 대한 무능과 가난은 아내의 처신에 대해 쌍소리를 하거나 책에 대해 정신없이 집착하는 행동으로 표출되지만, 이런 화자의 행동은 '부끄러움', '체면이 말이 아닌' 상황에 대한 일종의 '저항'으로 보인다. '부끄럽고 체면이 상하지만', 아내에게 정당하지도 않기에 이런 집착이나 저항은 '자조'와 자기 폭로의 시적 언술로 나타난다.

이 시에 나타난 '자조'의 감정은 "버리고/가지 않은 것만으로도 다행"이라는 구절에 이르면 처세에 실패한 인문주의자의 희화화와 자기풍자에 도달한다. 사실 경제적 무능은 선비의 처세에서 '악덕'에 해당하지는 않기에 이런 자조는 자신의 악행에 대한 적나라한 자기고발과는 다른 것이다.

    고흐의 자화상을 보았다
    자화상 속의 고흐가 나에게 말을 걸어왔다
    다시 보니 고흐의 귀가 자화상을 자르고
    상처가 하얀 붕대를 감싸고 있는 것 같았다

    상반신의 고흐가 자신의 거푸집으로

들어가 소리를 찾았다
소리의 물결은 금세 눈으로 빨려 들어가
동공의 연두색이 미세하게 움직였다
진녹색의 외투도 소리처럼 꿈틀꿈틀 자라나
머리털을 삐죽삐죽 곤두서게 했다

그러나 대각선으로 흘러야 할 입술의 강은
흐름을 멈추고 콧등의 산맥마저 완강했다
얼굴은 밭을 갈아엎어 황톳빛으로 무거웠다

그날 내가 본 것은 고흐의 귀가 자화상을
자르고 상처가 붕대를 감싸는 것 같았다
소리가 피를 흘리며 신음하는 것 같았다
비로소 내가 들리는 것 같았다
―「거푸집」 전문

고흐의 자화상에 대한 시, 「거푸집」 시인의 '자화상'이기도 하고 어쩌면 이 시집 전편에서 가장 핵심적인 작품에 해당한다. 어쩌면 표제작인 「요하의 여신」보다는 「거푸집」이 이번 시집에 담긴 시인의 시적 자의식을 대표한다. "비로소 내가 들리는 것 같다"라는 이 시의 마지막 구절처럼, 시인은 고흐의 자화상에서 자신을 발견한다.

'귀를 잘라냈기에' 자신의 거푸집 안으로 들어갈 수 있었다는 역설처럼, 자기를 듣기 위해서는 무언가를 자르고 그 상처를 붕대로 감싸는 '신음' 같은 것이 필요하다. 이 시의 "내가 본 것"은 이 점에서 예술가에게 주어지는 상처의 역설이다. 귀를 잘라냈기에 온전히 거푸집으로 들어가 소리를 찾았듯이, 고흐의 자화상에 몰입된 화자의 자기 발견은 '신음소리'를 동반한 '상처 감싸기'에 비유할 수 있다.

'부끄러움'의 감정은 이미 앞의 시에서 보았듯이, 시적 자아의 '악덕'에 대한 반성이 아니라 '처세의 실패'에 대한 것이다. 고흐가 귀를 잘라낸 것이 '처세'에 대한 강력한 부정 의식을 담고 있었다는 점에서 이 자화상 속에서 '나를 듣는' 것은 어쩌면 자연스러운 일이다.

'세속'과 '처세'는 이 점에서 벗어날 수 없는 일종의 '난처한 지경' 같은 것이다. 이런 난처한 상황으로서의 '삶에 대한 알레고리'는 「중랑천 걷기」라는 작품에서 상당히 사실적으로 묘사되는데, 이 시는 사실적인 정황의 고백에도 불구하고 시인이 생각하는 인생에 대한 '알레고리'를 담은 것으로 보인다.

"2시간만 걷자고 나선 길인데/ 예기치 않게 먹구름이 몰려오고/ 비설거지 바람이 불어온다// 천변을 벗어날 길이 달리 없는 것을 알면서도/ 일종의 객기스런 오기가 발동한 셈이다"라는 구절에서 보듯이 비바람의 '난경' 속에 빠지게 된 시적 화자의 상황은 '예기치 않은 날씨'와 "벗어날 길이 달리 없는 상황"의 결합 때문이다. '난처함'이란 이런 '예상할 수 없는 상황 변화'와 '외통수를 선택한 판단착오'에 대한 화자의 정서인데, 시적 화자는 이 상황에서 주역의 '수뢰둔' 괘를 떠올린다. "비 뿌리고 천둥소리가 들리는 상", 이 상황은 중랑천을 걷던 시적 화자의 어떤 하루의 체험이지만, 이 상황은 다음과 같은 시 구절에 의해서 화자가 처한 '인생'에 대한 알레고리로 변한다. "남들이 보았다면/ 어김없이 물에 빠진 생쥐 꼴이다/ 쥐구멍이라도 있으면 숨고 싶은 때가 있다던데/ 이런 경우를 이르는 말이 아닐까/ 날마다 물에 빠진 것 같은/ 삶이 부끄럽다"

"날마다 물에 빠진 것 같은/ 삶"에 대한 부끄러움은 판단착오에 대한 '회한'이 포함된 감정인데, 불운에 대한 '부끄러움'의 원인을 스스로의 '객기'나 '오기'라고 생각하기 때문에 생기는 감정이다. 이 점은 시적 자아가 '주역'의 구절을 자주 인용하거나, 어린 시절의 회상에서 보이는 어머니의 '한'을 현재의 삶과 다시 연관시키는 이유를 이해하는 단서가 된다.

운옥의 형 어멍 집

들어가는 올레에
채송화가 핀다
빨갛게 노랗게
자주색으로 핀다
따가운 햇살 아래지만
제 색깔을 내고 있다

운옥의 형 어멍 말씀
'느네 어멍은
그것이 흔이여'
한계라는 말씀

어머니가 돌아가서
울고 있는 나에게
채송화가 빨갛게 노랗게
자주색으로 말하고 있다
'느네 어멍은
그것이 흔이여'

채송화가 울고 있다
빨갛게 노랗게
자주색으로 울고 있다

—「채송화」전문

제주도 방언 '흔'은, '한恨'이라는 단어와 그 소리가 유사하기 때문에, 이 시의 "느네 어멍은/ 그것이 흔이여"라는 구절은 어머니의 '한계'와 '한恨'의 이중적 의미를 연상시킨다. 뜻대로 되지 않은 인생에서 '최선을 다해도 안 되는 것', 그것이 '한계'이고 결국 삶에 대한 '한'이 되는 법이다. "어머니 목소리가 들리는 듯하다/ '언제 다시 만나지카'"(「살채기 정낭」)라는 시 구절은 시인의 자전적 진술이라는 점에서 이 시집의 전편을 관통하는 핵심적인 정서이다. 어머니에 대한 회상은, 이번 시집에서 시인이 처한 현재적 삶에 대한 시적 묘사를 통해 단순한 '회상'을 넘어 인생의 알레고리로 소환된다. 어찌할 수 없는 주역의 숙명적 '괘'처럼 인생은 이미 '한세' 그 자체이다.

    연분홍 솜털 꽃이
    물안개처럼 피어오를 때면
    자귀로 자귀나무 제 발등을
    쫭쫭 찍는 여인들이 생각난다

    '저것들만 아니면,
    저것들만 아니었으면
    벌써 떠났을 것을'
    어머니가 우리들을 보고 그러셨고

집사람이 자식들을 보고 그랬다

초여름 초록 잎사귀들 위로
공작새같이 우아한 깃털을 뽐내는 꽃
연분홍으로 피어나는 자귀나무꽃을 보면
한숨이 절로 나온단다.
남들은 합환수니 부부 화목을
상징하느니 하여도
나는 자귀나무꽃만 보면
어머니 한숨만 절로 생각난다

아내도 어머니와 비슷한
나이가 되자 한숨만 쉬고 있다
그러나 어머니에게 저 자귀나무라도
없었으면 어찌하였을까
지금도 어머니는 꿈속에서
자귀나무 제 발등을
쫭쫭 찍으신다
촐(꼴)을 베러 간 붉은 돌 촐밭(꼴밭)
자귀나무 아래에서
하얀 구더기가 스멀스멀
기어다니는 고등어이지만
구웠으니 맛있게 먹으라고
권하시던 모습이 생각난다

하지만 아내에게는

자귀나무도 없고

고등어도 없으니 어찌할까

―「자귀나무꽃」 전문

'아내'에게서 '어머니'를 발견하듯이, 아내에 대한 연민의 감정은 다른 한편 오래전 어머니의 '흔'과 관련되어 있다. '한계'를 넘어설 수 없기에 숙명이 있고 '한恨'이 있는 것이다. 이번 시집에서 강상윤 시인이 보여준 시적 미학은 이 점에서 '흔'에 대한 회상과 성찰이라 할 수도 있을 것이다. '자귀나무나 고등어'가 자조나 위로 또는 한풀이의 수단이 되듯이, 한계를 지닌 인간의 '처세'란 하루하루 작은 위로와 자조의 연속일 뿐이다. 어쩌면 그것이 일상적 삶을 사는 존재의 숙명 같은 것이기도 하다. 강상윤 시인의 작품이 '소박함'과 '선함'의 영역을 벗어나지 않은 것은 이런 '난경難經'과도 같은 '하루, 하루'에 대한 시적 성찰과 인문주의자로서의 '객기' 속에 스스로를 고집스럽게 머물게 하기 때문이다. 이 점에서 시적 화자들의 '무능'이나 '처세의 실패'는 한편으로는 타협을 모르는 '고집스러움과 불편함에 대한 감수'의 결과이다.

어쩌면, 그 결과물인 부끄러움의 감정은, 역으로 '비타협'의 상처 같은 것이기에 고흐의 신음소리처럼 '자기의 소리'

로 승화시킬 수 있는 가능성이기도 하다. 시인이 말한 '내가 들린다'는 진술은 이 점에서 이번 시집의 가장 의미심장한 구절이다. '내가 들린다'는 가능성은 어떤 식으로든 '한계'와 '부끄러움'의 성찰을 시적으로 완결 짓는 하나의 출구로 보인다.

'착한 사람의 고집' 같은 것이라고 할까. 선함은 악덕이 아닌데, 왜 무능과 처세의 실패를 낳는가. 주역의 여러 괘 중에서 4대 난괘는 언제나 변화의 가능성 속에 있기 때문에 그 속에 이미 희망의 씨앗을 내재한 것으로 간주된다. "버들잎들은 버드나무에/ 달려 있을 때도 좋지만// 냇물에 떠내려가는 모습은/ 더욱 아름답"(「버들잎」부분)다. 아마도 그것이 인생이 아닐까.

현대시학 기획시인선 41
요하遼河의 여신

초판 1쇄 발행	2024년 6월 17일

지은이	강상윤
발행인	전기화
책임편집	이용헌

발행처	현대시학사
등록일	1969년 1월 21일
등록번호	종로 라 00079호
주소	서울시 종로구 계동길 41
전화	02.701.2341
블로그	http://blog.daum.net/hdsh69
이메일	hdsh69@hanmail.net
배포처	(주)명문사 02.319.8663

ISBN	979-11-93615-14-0 03810

○ 책값은 뒤표지에 있습니다.
○ 이 책의 판권은 지은이와 현대시학사에 있습니다.
　이 책 내용의 전부 또는 일부를 재사용하려면 반드시 양측의 서면 동의를 받아야 합니다.
○ 잘못 만들어진 책은 구입하신 서점에서 교환해드립니다.